AF509893

OBSERVATIONS

U SIEUR KORNMANN,

EN RÉPONSE

AU MÉMOIRE DE M. LENOIR.

A PARIS,

De l'Imprimerie Polytype.

1787.

OBSERVATIONS

DU SIEUR KORNMANN,

EN RÉPONSE

Au Mémoire de M. Lenoir.

JE n'ai, dans ce moment, qu'un petit nombre de réflexions à faire fur le Mémoire que M. Lenoir a publié.

D'abord, M. Lenoir, en le commençant, parle avec une complaifance, qui ne me femble pas toujours affez modefte, des infortunés qu'il a confolés, des époux qu'il a réconciliés, des familles dont il a prévenu ou le déshonneur ou la ruine. Malheureufement, le bien qu'il a pu faire aux autres ne me dédommage pas du mal qu'il m'a fait: j'ai été dans l'infortune, & il m'a perfécuté ; mon époufe s'eft égarée, & il l'a protegée dans fes égare-

A

mens : j'ai voulu , en l'arrachant à ſes ſéducteurs , la rapprocher de moi , & il nous a ſéparés : enfin , je le compte au
nombre des auteurs de ma ruine ; & le déshonneur de la
mère de mes enfans eſt en partie ſon ouvrage.

Enſuite, M. Lenoir , après avoir achevé ſon préambule ,
me reproche d'avoir attendu , pour publier mon Mémoire , le tems où mon attaque pouvoit lui être le plus
ſenſible. Il veut ſûrement dire par-là que j'ai choiſi le moment où , dénué de l'appui d'un Miniſtre accrédité , dont
il étoit à-la-fois l'inſtrument & l'ami , il avoit ceſſé d'être
pour moi un adverſaire redoutable. Eh ! bien , quand
j'aurois fait ce calcul , depuis quand eſt - il défendu
à un infortuné d'épier l'inſtant où il peut lutter avec
plus d'avantage contre ſon oppreſſeur ? Mais , eſt - il
bien vrai que M. Lenoir ſoit fondé à me reprocher cette
combinaiſon prudente ? M. Lenoir a-t-il oublié toutes les
tentatives que j'ai faites pour publier mon Mémoire dans
le tems où le Miniſtre , dont il avoit toute la confiance, diſpoſoit d'une autorité qu'il étoit dangéreux de combattre ?
dans le tems où , à la tête de Commiſſions importantes ,
environné de protégés nombreux , ayant à ſes ordres la
Police entière ſur laquelle il avoit conſervé une influence fatale à tous ceux qu'il vouloit perdre , lui-même
il inſpiroit la terreur à quiconque entreprenoit de récla-
clamer contre ſes injuſtices ? M. Lenoir a-t-il oublié que
lapublication de mon Mémoire n'a été retardée que par
les obſtacles qu'il n'a ceſſé de m'oppoſer , que par l'effroi
qui avoit gagné tous les Libraires de la Capitale ,
que par les recherches ſévères qu'il faiſoit faire pour

en empêcher l'impreſſion ? Toute ma conduite a certainement fait connoître que ſi j'euſſe été le maître des circonſtances, je n'euſſe pas héſité à choiſir pour l'attaquer, le moment où ſon pouvoir étoit le plus formidable. Dans la poſition où j'étois, je n'avois plus rien à redouter, & l'ami qui m'aidoit de ſa plume & de ſon courage n'a certes pas prouvé, je crois, qu'il ſoit né pour balancer un inſtant entre ſon devoir & le danger.

Enfin, M. Lenoir arrive à ſa cauſe.

Parmi tous les griefs que je lui reproche il n'en choiſit que deux, dont il prétend établir la fauſſeté; l'un, eſt la remiſe que je l'accuſe d'avoir faite de mon épouſe au ſieur de Beaumarchais : l'autre concerne cette ſuite de négociations que j'aſſure avoir été propoſées par lui, avant & après la publication de mon Mémoire, pour m'engager à le ſupprimer, & l'offre que je prétends qu'il m'a fait faire de m'obtenir le rembourſement prompt de la ſomme qui m'eſt due dans l'affaire des Quinze-Vingts, ſi, en effet, je conſentois à le ſupprimer.

M. Lenoir ſoutient que la fauſſeté de ces deux griefs une fois prouvée, les autres griefs que je lui impute ne méritent aucune foi, & qu'il aura démontré ſon innocence.

Avec une logique un peu ſcrupuleuſe, on ne trouvera pas, je penſe, cette démonſtration bien complette; mais, il faut laiſſer à M. Lenoir tous ſes avantages : il paroît qu'il ne s'eſt défendu que parce qu'il a été dans la néceſſité de ſe défendre. Dans une poſition ſi difficile M. Lenoir a droit à quelques égards, & je n'oublierai pas, en lui répondant, que ce n'est pas un adversaire bien déterminé, qu'il me faut combattre.

Ainsi, sans trop examiner jusqu'à quel point la manière de raisonner de M. Lenoir, sur l'ensemble de sa cause, est exacte, &, en me renfermant dans les bornes où il essaye de me circonscrire, je veux bien supposer, quant-à-présent, que la fausseté des deux griefs qu'il a choisis parmi ceux que je lui impute, entraîne après elle la fausseté de tous les autres ; mais, je ne le fais qu'à une condition, c'est qu'il voudra bien m'accorder, à son tour, que si ces deux griefs ne sont pas faux, les autres déviennent incontestables.

Or, cela posé, je vais établir, 1°. que non-seulement M. Lenoir a remis mon épouse au sieur de Beaumarchais ; mais qu'il y a tout lieu de croire que l'ordre du Roi, qui retenoit la dame Kornmann chez les dames Douai, n'a pas été levé sans sa participation ; & que, de plus, il a formelle-ment consenti à ce que la dame Kornmann, après être sor-tie de chez les dames Douai, demeurât tout-à-fait à la merci des sieurs Daudet & de Beaumarchais.

Je vais établir, 2°. qu'il est très-vrai que M. Lenoir a entamé & suivi plusieurs négociations pour m'engager à supprimer mon Mémoire, & que (spécialement dans la conférence qui a été tenue chez M. de Brunville, entre M. Lenoir, M. l'Abbé Sabathier & M. d'Epremesnil) il a été question de hâter le remboursement de ma créance dans l'entreprise des Quinze-Vingts, si je voulois bien con-sentir à la suppression qu'on me demandoit.

PREMIERE PROPOSITION.

Je n'ai befoin pour prouver, en premier lieu, que M. Lenoir a remis mon époufe au fieur de Beaumarchais, que du Mémoire du fieur de Beaumarchais & de la dépofition du fieur Page que M. Lenoir invoque, mais n'ofe pas tranfcrire.

Je trouve, dans le Mémoire du fieur de Beaumarchais, que c'eft lui-même qui a porté, à M. Lenoir, l'ordre du Roi pour faire fortir la Dame Kornmann de la maifon des Dames Douay ; que M. Lenoir, en recevant cet ordre, *fourit* au fieur de Beaumarchais , & lui accorda la permiffion d'aller enlever la Dame Kornmann du lieu de fa détention, pour la tranfporter chez le Chirurgien Page; que M. Lenoir, en accordant cette permiffion au fieur de Beaumarchais, applaudit au zélé avec lequel il s'étoit employé en faveur d'une femme malheureufe, victime d'une perfécution auffi injufte que cruelle; voilà ce que je trouve dans le Mémoire du fieur de Beaumarchais ; & remarquez que ce Mémoire a paru avant celui de M. Lenoir, & que M. Lenoir, dans le fien , n'ofe contredire aucune des affertions qu'il renferme.

Je trouve , dans la dépofition du fieur Page, que le fieur de Beaumarchais, dans les premiers jours du mois de Janvier lui écrivit pour l'inviter à fe trouver chez lui, le cinq du même mois, à neuf heures du foir; que le fieur Page s'y trouva en effet, & que delà , ils allèrent enfemble à la Police, dans la voiture du fieur de Beaumarchais ; qu'arrivés à la Police, M. Lenoir fit entrer le sieur Page, dans son cabinet, & lui montra un ordre du Roi portant révocation d'un premier ordre en vertu duquel la Dame Kornmann étoit détenue chez les Dames Douay, & portant encore injonction, à lui sieur Page, de recevoir la Dame Kornmann dans sa maison; *que l'ordre fut ensuite délivré au sieur de Beaumarchais & au sieur Page, & qu'ils se rendirent ensemble chez les Dames Douay, pour en faire sortir la Dame Kornmann & la transporter chez le déposant.* Voilà ce que je trouve dans la déposition du sieur Page, & je crois qu'on apperçoit assez pourquoi M. Lenoir, en la citant, ne s'est pas permis de la transcrire.

Or, maintenant, je le demande : comment M. Lenoir peut-il dire qu'il n'a pas remis la Dame Kornmann au sieur de Beaumarchais? & s'il l'a remise, comme il n'y a pas lieu d'en douter, la conduite qu'il a tenue, dans cette circonstance, est-elle bien susceptible d'excuse? L'ordre du Roi, adressé au sieur Page, portoit-il qu'il seroit permis au sieur de Beaumarchais d'aller chez les Dames Douay, chercher la Dame Kornmann, pour la transporter dans sa nouvelle demeure? & M. Lenoir, en prenant sur lui d'accorder une telle permission, a-t-il bien fait ce qu'il devoit faire?

Il savoit combien j'avois à me plaindre du sieur de Beaumarchais; il n'ignoroit point, quoiqu'il affecte de le dissimuler, les liaisons qui existoient entre cet homme audacieux & mon épouse; il m'avoit dépeint cent fois le sieur de Beaumarchais comme le fourbe le plus adroit, l'intriguant le plus dangereux, le corrupteur le plus décidé : & c'est à ce fourbe, à ce corrupteur, à cet intriguant, qu'il confie la Dame Kornmann! & moi, père, époux outragé, je ne fuis pas même inftruit de ce qui fe paffe! On ne daigne pas m'apprendre pourquoi le premier ordre du Roi a été révoqué; je ne fuis confulté en aucune manière fur cette révocation; &, non-feulement je ne fuis pas confulté, mais mes parens, mais les parens de la Dame Kornmann, tous ceux, enfin, aux-quels elle appartient demeurent dans une ignorance pro-fonde du changement qu'on juge à propos d'opérer dans fa fituation! Non, non: jamais M. Lenoir n'échap-pera aux juftes reproches qu'il mérite pour avoir per-mis une violation fi fcandaleufe de toutes les lois do-meftiques, c'eft-à-dire, des plus faintes de toutes les lois, des lois fans lefquelles il n'eft plus de mœurs, plus de paix dans les familles, plus d'ordre poffible dans la fociété.

Je n'ai befoin, en fecond lieu, que d'un petit nombre de refléxions bien fimples pour prouver qu'il y a tout lieu de croire que l'ordre qui retenoit la Dame Kornmann chez les Dames Douay, n'a pas été levé fans la partici-pation de M. Lenoir.

J'ouvre le Mémoire du fieur de Beaumarchais, ce Mémoire, ne l'oubliez jamais, que M. Lenoir n'a pas démenti, & j'y vois que toutes les démarches que le fieur de Beaumarchais a faites pour enlever la Dame Kornmann de chez les Dames Douay, ont été fpéciale-ment connues de M. Lenoir, qu'il les a formellement approuvées, qu'il a même engagé *le fieur de Beaumar-chais à lui rendre compte de fes tentatives auprès des Miniftres;* j'y vois que M. Lenoir a montré au fieur de

Beaumarchais trois Mémoires & vingt lettres *follici-tantes* que je lui ai écrites pour obtenir, à ce que prétend le fieur de Beaumarchais, la détention de mon époufe. J'ouvre le Mémoire de M. Lenoir, & j'y vois qu'il convient lui-même qu'il n'a pas ignoré que Madame la Princeffe de Naffau & le fieur de Beaumarchais ont follicité, pour la Dame Kornmann, la liberté de fe retirer chez un Chirurgien pour accoucher; j'y vois que le Miniftre lui a renvoyé les Mémoires que Madame la Princeffe de Naffau & le fieur de Beaumarchais lui ont adref-fés, & qu'en répondant au Miniftre fur *ces Mémoires, il a expofé fes réflexions fur la Dame Kornmann & le lieu de fa détention, fur les diverfes accufations de fon mari contre-elle, fur le Chirurgien propofé*, fur le pro-cès en féparation que la Dame Kornmann m'avoit in-tenté au Châtelet & qui *mettoit en oppofition, à ce qu'il affûre, la voie juridique & celle de l'autorité.*

Or, d'après tout cela, pouvez-vous douter que ce n'ait été, de concert avec M. Lenoir qu'ait été imaginé le projet de m'enlever mon époufe? M. Lenoir montre au fieur de Beaumarchais *trois Mémoires & vingt lettres follicitantes*, que je lui ai écrites, dit-on, pour obtenir la détention de la Dame Kornmann. Mais, il montre d'abord des pièces qu'il devoit tenir fecretes, qu'un étranger, & à plus forte raifon un des corrupteurs de mon époufe, un des protecteurs de fon adultère, un de mes ennemis ne devoit pas connoître; des pièces dont ma famille feule, & la famille de la Dame Korn-mann, avoient le droit de demander la communication! Mais, il montre de plus des pièces qui n'exiftoient pas

par

par mon fait ; car, je porte ici le défi le plus folemnel
à M. Lenoir de produire ces prétendus trois Mémoires
& ces prétendues vingt lettres follicitantes dont parle
le fieur de Beaumarchais. En agiffant ainfi, ou en trom-
pant ainfi, M. Lenoir a donc donné au fieur de Beaumarchais la plus grande preuve de confiance qu'il pouvoit lui
donner! Il l'a donc encouragé dans les démarches qu'il
faifoit pour procurer à la Dame Kornmann une liberté
dangéreufe ?

M. Lenoir enfuite convient lui-même qu'il n'a pas ignoré
que Madame la princeffe de Naffau follicitoit , comme
lefieur de Beaumarchais, la liberté de la Dame Kornmann.
Or, M. Lenoir fait très-bien que Madame la Princeffe
de Naffau avoit des relations intimes avec le fieur Daudet,
& il ne voudroit pas , fans doute , que je révélaffe ici
tout ce qu'il m'a dit de ces relations. Donc M. Lenoir
en laiffant agir Madame la Princeffe de Naffau, n'a fait
autre chofe que favorifer le fieur Daudet, & procurer à
mon époufe les moyens de fe rapprocher de fon féducteur.

M. Lenoir ajoute que le Miniftre lui ayant renvoyé
les mémoires de Madame la Princeffe de Naffau, & du
fieur de Beaumarchais, il avoit répondu en expofant fes
réflexions.

1°. *Sur la Dame Kornmann & le lieu de fa détention*. Mais, qu'a-t-il pu dire fur le lieu de la détention
de la Dame Kornmann ? lui-même avoit choifi ce lieu.
La Dame Kornmann y étoit traitée avec les plus grands
égards. Avant que de rien arrêter à l'égard de la penfion
que je devois y payer pour elle, j'avois exigé que pendant quinze jours on fatisfît fes moindres fantaifies ,

& ce n'a été, en effet, que d'après les dépenses des premiers quinze jours qu'a été fixée la pension de 6000 liv. payée par moi depuis avec la plus grande exactitude.

2°. *Sur les diverses accusations de son mari contre elle!* Mais, de quoi l'accusais-je ? de ce qui est démontré aujourd'hui : d'un délit dont M. Lenoir avoit acquis toutes les preuves, & qui l'avoit déterminé à se réunir à moi pour solliciter une lettre-de-cachet qui me garantît des suites funestes que ce délit pouvoit avoir.

3°. *Sur le Chirurgien proposé!* Et qui avoit proposé ce Chirurgien ? Etoit-ce moi ? étoit-ce ma famille ? étoit-ce la famille de la Dame Kornmann ? Lisez bien la déposition du Chirurgien, & vous verrez que c'est le sieur de Beaumarchais seul qui en a fait le choix ! Et c'est à un Chirurgien choisi par le sieur de Beaumarchais, qu'on a livré mon épouse; & M. Lenoir y a consenti ! Car, on ne me persuadera pas que ses réflexions au Ministre sur le Chirurgien proposé, tendissent à le faire rejetter: ce n'étoit pas le Magistrat qui applaudissoit aux démarches du sieur de Beaumarchais, qui pouvoit être tenté de ne pas accueillir un homme que le sieur de Beaumarchais lui avoit sûrement désigné d'une manière très-expresse comme capable de concourir au succès du plan qu'il avoit formé pour parvenir à s'emparer de mon épouse (1).

4°. *Sur le procès en séparation* que la Dame Kornmann m'avoit intenté, & *qui mettoit en opposition la voie ju-*

______

(1) Je suis instruit actuellement que le sieur Page étoit ami particulier du sieur de Beaumarchais, & qu'il dînoit fréquemment chez lui : je n'ai d'ailleurs pas à me plaindre du sieur Page; & sa déposition prouve qu'en ce qui concerne la dame Kornmann, s'il n'a pas exécuté à la lettre l'ordre du Roi, c'est qu'il en a été expressément dispensé par M. Lenoir.

ridique & celle de l'autorité! Et comment ce procès opéroit-il une telle oppofition ? Eft-ce que l'autorité avoit défendu à la Dame Kornmann de plaider en féparation ? Eft-ce qu'il étoit befoin, pour plaider en féparation, qu'elle changeât de domicile, & qu'elle fût tranfportée de là maifon des Demoifelles Douay, dans la maifon d'un Chirurgien-Accoucheur ? Ne voyez-vous pas ici très-clairement que M. Lenoir, en écrivant de cette manière au Miniftre, en mettant en conflit l'autorité & la loi, en laiffant entrevoir que la Dame Kornmann ayant eu recours à la loi, l'autorité devoit ceffer de la contraindre, ne cherchoit qu'à procurer, d'après les infinuations du fieur de Beaumarchais, une liberté indéfinie à la Dame Kornmann ?

Or, dites-moi maintenant, fi tout ce que vous venez de lire ne vous démontre pas que M. Lenoir a participé, de la manière la plus directe, à la levée de la lettre de cachet qui détenoit la Dame Kornmann chez les Dames Douai ? Dites-moi s'il eft poffible de douter qu'il n'ait favorifé, autant que la févérité de fon miniftère le lui permettoit, les démarches qu'on faifoit pour fouftraire la Dame Kornmann à mon infpection, & la remettre fous la main des hommes qui l'avoient corrompue ? Et fi je vous difois que, tandis qu'on manœuvroit ainfi contre moi, M. Lenoir m'accueilloit toujours avec bonté, avec intérêt, avec une fenfibilité quelquefois attendriffante, que penferiez-vous de M. Lenoir, & qu'elle opinion vous formeriez-vous de fon caractère ?

Je n'ai befoin, en troifième lieu, pour prouver que

M. Lenoir a formellement consenti à ce que la Dame Kornmann, après être sortie de chez les Dames Douai, demeurât tout-à-fait à la merci des sieurs Daudet & de Beaumarchais, que de rendre compte ici de quelque circonstances remarquables.

Je lis l'ordre du Roi adressé au sieur Page, & j'y vois qu'il *est enjoint à la Dame Kornmann, suivant sa soumission, de ne pas sortir de la maison du sieur Page, & de n'y recevoir que ses avocat & procureur*, que de plus, Sa Majesté *ordonne au sieur Page, suivant la soumission que ladite Dame Kornmann a offert de faire faire audit sieur, de la représenter toutes les fois qu'il en sera requis*, &c.

Je reprends la déposition du sieur Page, & j'y vois que sur ce que M. Lenoir dit au sieur Page, qu'il ne devoit laisser voir à la Dame Kornmann que ses conseils, celui-ci ayant observé qu'il ne connoissoit point les conseils de la Dame Kormnann, M. Lenoir repliqua *qu'il ne viendroit, pour s'entretenir avec elle, que des gens de son conseil;* j'y vois encore que pendant six semaines environ que la Dame Kornmann a demeuré chez le sieur Page, plusieurs personnes y sont venues, & entre autres deux ou trois fois le sieur Daudet, & une fois le sieur de Beaumarchais. J'y vois, enfin, qu'à l'instant même où M. Lenoir a délivré l'ordre du Roi au sieur Page, il l'a autorisé à laisser *sortir la Dame Kormann*, pourvu qu'elle ne demeurât *pas long-temps dehors, & qu'on sût où elle alloit.*

Or, comparez la déposition du sieur Page avec l'ordre du Roi, & dites-moi si M. Lenoir n'a pas enfreint l'ordre du Roi de la manière la plus expresse, & si toutes les licences qu'il a données à la dame Kornmann, n'ont pas eu pour objet de la rapprocher des hommes dont j'avois le plus à me plaindre, & qu'il importoit le plus d'éloigner d'elle ?

Ce n'est pas tout : la dame Kornmann n'a point accouché chez le sieur Page. Elle l'a quitté après six semaines de séjour dans sa maison. Sans un nouvel ordre du Roi, & contre la teneur de celui que je rapporte, elle est allée demeurer chez une dame Guerrier, qu'elle a quittée également quelques semaines après, pour se loger à la Chaussée-d'Antin, & y recevoir plus commodément chez elle, les sieur & dame de Beaumarchais, le sieur Daudet, &c.

Or, comment M. Lenoir a-t-il pu permettre ces changemens de domicile ? Il ne dira pas qu'il les a ignorés. Il ne dira pas, par exemple, qu'il a ignoré la translation de la dame Kornmann chez la dame Guerrier, puisque, d'après la déposition du sieur Page, elle s'est faite avec sa permission expresse. Il ne dira pas davantage qu'il a ignoré que la dame Kornmann eût son appartement à la Chaussée-d'Antin, puisqu'à dater de cette époque, il a vu fréquemment la dame Kornmann chez lui, & qu'elle n'a pas dû lui taire une circonstance si importante pour elle. Il ne dira pas qu'il a ignoré que la dame Kornmann recevoit dans sa maison les sieurs Daudet & de Beaumarchais ; car, à qui le fera-t-il croire ? D'ailleurs, s'il lui eût été possible d'en douter, mes plaintes réitérées, & toujours inutiles, ne le lui auroient-elles pas suffisamment appris ? Non, non : quoi qu'il fasse, il ne prouvera jamais qu'il n'ait protégé de tout son pouvoir les égaremens de la dame Kornmann, & ses liaisons scandaleuses avec les

deux hommes de Paris les plus corrompus ! Non : il n'é-
touffera jamais le cri d'indignation qui s'est élevé contre
lui, à l'instant où j'ai dénoncé aux tribunaux les prévarications nombreuses dont il s'est rendu coupable à mon
égard. Ah ! pourquoi me force-t-il de le combattre ? &
comment, avec le poids de la vérité sur sa conscience,
& le mouvement du remords dans son cœur, peut-il
essayer encore d'assembler quelques mensonges, pour
échapper à l'opinion qui le poursuit, & qu'il n'auroit dû
désarmer que par le silence ?

En voilà bien assez, je crois, sur ma première proposition. Il me semble que j'ai établi, d'une manière in-
contestable, que c'est à tort que M. Lenoir a entrepris
de prouver qu'il n'a pas remis la dame Kornmann au
sieur Beaumarchais, & qu'il ne l'a jamais favorisé dans
ses désordres.

Je viens à ma seconde proposition.

SECONDE PROPOSITION.

M. Lenoir prétend qu'il n'a pas négocié pour parvenir
à la suppression de mon Mémoire, & qu'il est faux qu'il
m'ait offert de hâter le remboursement de ce qui m'est
dû dans l'affaire des Quinze-vingt.

Pour appuyer son assertion, M. Lenoir a recours à
deux lettres écrites par M. de Brunville, & à la déclaration de M. d'Eprémenil.

J'écarte de la discussion à laquelle je vais me livrer,
les deux lettres de M. de Brunville : le public a remarqué,
comme moi, qu'elles sont en contradiction avec la dé-

claration de M. d'Eprémenil, & que, de plus, elles annoncent dans leur auteur la partialité la plus étrange pour mes adverfaires. Or, depuis ces lettres, M. de Brunville a donné des conclufions dans mon procès, par exemple, celles fur lefquelles eft intervenue l'ordonnance de M. le Lieutenant criminel, portant refus de me communiquer les fameufes lettres dépofées au greffe par le fieur de Beaumarchais. De-là, il me femble qu'il réfulte que fi M. de Brunville a écrit les deux lettres rapportées par M. Lenoir, il a dû s'abftenir de conclure davantage dans mon procès, & que, puifqu'il a conclu, il eft poffible qu'il ne les ait pas écrites.

Je m'en tiens donc à la déclaration de M. d'Eprémenil.

M. Lenoir a publié la déclaration de M. d'Eprémefnil ; j'ai auffi publié cette déclaration : les partifans de M. Lenoir ont conclu fimplement de ce qu'il l'a publiée qu'elle eft toute à fon avantage ; mes partifans ont fûrement auffi conclu de ce que je l'ai publiée, qu'elle lui eft abfolument contraire.

Cette manière d'argumenter de part & d'autre, n'eft pas bien péremptoire ; & il me femble qu'en ce qui me concerne, je puis recourir à des raifonnemens plus décififs pour prouver, que fi j'en ai fait ufage, c'eft qu'après l'avoir lue avec l'attention très-délicate qu'elle mérite, il m'a paru qu'elle n'étoit favorable qu'à moi, & que M. Lenoir auroit peut-être fait un acte de prudence en évitant de s'en prévaloir.

M. Lenoir admet la déclaration dans fon entier, puifqu'il l'a fait imprimer fans l'accompagner d'aucun commentaire. Or, cette déclaration établit, félon moi, fix faits importans :

1°. Que c'eft à tort que j'ai été repréfenté par mes adverfaires comme un mari féroce, emporté, jaloux ; comme un homme, dont la conduite, fous tous les points de vue, devoit exciter autant d'indignation que de mépris.

2°. Que mes adverfaires ont entamé & fuivi plufieurs négociations, pour parvenir à obtenir de moi la fuppreffion de mon Mémoire.

3°. Qu'ils redoutoient prodigieufement la publication de ce Mémoire, & que ce n'étoit pas fans motif qu'ils la redoutoient.

4°. Qu'en négociant avec moi ils m'ont fûrement propofé une capitulation fuffifante, pour me dédommager de tous les chagrins & de toutes les pertes qu'ils m'ont caufés.

5°. Que M. Lenoir, pour acheter mon filence, a dû me faire offrir au moins le rembourfement de ce qui m'eft dû dans l'affaire des Quinze-Vingts.

6°. Que réellement il me l'a fait offrir.

Je reviens fur le premier fait. Voici comment s'exprime, fur mon compte, dans fa déclaration, M. d'Eprémefnil : » *Je connois M. Kornmann pour le plus honnête homme* » *du monde, & pour le plus malheureux. Il m'a tou-* » *jours paru naturellement doux ; mais à préfent, c'eft* » *un homme doux révolté* ».

Or, remarquez que l'homme qui m'honore de ce glorieux fuffrage, jouit d'une réputation de franchife & de véridicité, dont en aucune circonftance il n'a laiffé affoiblir l'éclat ; remarquez que, comme Magiftrat, il s'eft toujours diftingué par fes lumières & fon intégrité ;

que

que comme citoyen, il eſt un modele de fermeté & de patriotiſme : apprenez que j'ai cultivé pendant deux ans ſa connoiſſance, avec l'aſſiduité la plus grande; qu'il m'a vu dans l'intérieur de ma maiſon, à côté de mes enfans & dans beaucoup d'occaſions, où vous diſſimuleriez envain les habitudes ſecrettes qui vous dominent ; qu'il a donc été à portée, plus que perſonne, de ſaiſir mon caractère; qu'il m'eût donc été impoſſible de dérober à ſes regards, ma férocité, ma fauſſeté (1), ſi réellement j'avois été ſouillé de tous ces vices.

Mettez à côté du ſuffrage de M. d'Eprémeſnil, les calomnies publiques du ſieur de Beaumarchais, qui ne m'a jamais connu; du ſieur de Beaumarchais, dont la renommée eſt affreuſe, & qui ſouilleroit la vérité même, ſi elle pouvoit ſortir de ſa bouche : mettez à côté de ce ſuffrage les calomnies ſecrettes de M. Lenoir, de l'homme qui, par des manœuvres ſemblables à celles qui m'ont perdu, a précipité dans les cachots, & fait vivre enſuite dans un exil rigoureux, l'immortel & malheureux Procureur-général du parlement de Bretagne; &, en comparant les perſonnes, dites-moi ſi l'honorable témoignage que veut bien me rendre M. d'Eprémeſnil, ne doit pas être ici compté au nombre des preuves morales que je puis donner de ma conſtante honnêteté, & des principes de modération & de prudence, qui ont toujours dirigé ma conduite ?

Je reviens ſur le ſecond fait. La Déclaration de M. d'Epré-

---

(1) Voyez le Mémoire du ſieur de Beaumarchais.

C

mefnil prouve que mes adverfaires ont plus d'une fois négocié pour parvenir à la fuppreffion de mon Mémoire. Je
compte, d'après cette Déclaration, trois tentatives qui
n'avoient certainement que cette fuppreffion pour objet.

La première, du 28 ou 29 Mars, par M. l'Abbé Sabathier.

La feconde, du 31 Mars, par le même.

La troifième, le rendez-vous affigné chez M. de
Brunville, entre M. d'Efprémefnil, M. Lenoir &
M. l'Abbé Sabathier. (1)

Je pourrois de plus parler ici d'une foule d'autres négociations antérieures, d'une conférence poftérieure fpécialement demandée par M. de Brunville, & tenue chez
lui, entre M. Lenoir & le Jurifconfulte qui veut bien
m'aider de fes confeils; enfin, d'une conférence également demandée par M. de Brunville, entre M. Lenoir
& l'Auteur de mon Mémoire, qui refufa très-expreffément
de s'y rendre. Les billets d'invitation, pour ces divers
rendez-vous, ou propofés ou acceptés, doivent fe trouver
dans les mains du Jurifconfulte dont je parle.

Je reviens fur le troifième fait. La Déclaration de
M. d'Eprémefnil prouve que mes adverfaires redoutoient
fingulièrement la publication de mon Mémoire. *Il faut
prévenir une explofion fâcheufe, difoit M. l'Abbé Sabathier*, à M. d'Eprémefnil : *on parle d'un Mémoire : on
dit que M. Bergaffe en eft l'auteur ; que M. Lenoir y fera
compromis. Vous eft-il poffible de refufer un Magiftrat recommandable que vous avez aimé ? Je fuis fûr*, difoit

____

(1) Voyez la Déclaration de M. d'Eprémefnil.

M. Lenoir, *que M. Kornmann cherche à me diffamer dans un Mémoire public.*

Ainfi, M. Lenoir craignoit une exploſion fâcheuſe ; il redoutoit la publication de mon fatal Mémoire ; il avoit peur d'y être compromis.

Mais , pourquoi donc toutes ſes craintes, s'il étoit auſſi pur, auſſi irréprochable qu'il ſe peint dans ſa défenſe? Pourquoi tant de démarches pour m'obliger au ſilence ? Pourquoi demandoit-il avec tant d'inſtance à *cauſer* avec M. d'Eprémeſnil ? Pourquoi invoquoit-il ſes premières liaiſons avec lui?Pourquoi cherchoit-il,par des déférences & des carreſſes honteuſes,à lui faire oublier d'anciens *démélés*, qui les avoient tenus long-tems éloignés l'un de l'autre (1)?

Et depuis ſes négociations avec M. d'Eprémeſnil, pour-quoi (il eſt bon qu'on l'apprenne ici), dans la confé-rence qui s'eſt tenue chez M. de Brunville, entre M. Lenoir & mon conſeil ordinaire , a-t-on invité ce conſeil à uſer de tout ſon aſcendant ſur moi, pour m'engager à ne diriger mes coups que contre les ſieurs Daudet & de Beaumar-chais ? M. Lenoir n'étoit donc pas ſans inquiétude , & encore une fois, pourquoi étoit-il inquiet, ſi en effet ſa conduite étoit auſſi exempte de reproche qu'il l'annonce ?

Qu'eût fait à ſa place, je vous le demande, un Magiſ-trat intègre, qui ſe feroit ſtrictement renfermé dans l'exé-cution des ordres du Roi, qui n'auroit entretenu aucune intelligence avec la coupable qu'il me falloit pourſuivre , & avec les hommes pervers qui l'avoient ſéduite, & qui continuoient à la corrompre ? Qu'eût fait un tel Magiſ-

---

(1) Voyez la Déclaration de M. d'Eprémeſnil.

trat, fi d'audacieux Calomniateurs, profitant de la dimi-
nution de fon crédit, euffent voulu attenter à fa réputation par un libelle? auroit-il entamé des négociations
pour prévenir la publication de ce libelle? Quel langage,
dans une pareille circonftance, eût-il tenu à fes adverfaires? « Imprimez, & je me défendrai, & je prouverai à
» la Nation, au tribunal de laquelle vous me citez, que
» je n'ai jamais rien fait qui ne foit digne de fon eftime;
» je ferai parler mes actions, ma vie tout entière; je pro-
» duirai des pièces authentiques qui établiront mon inno-
» cence; &, s'il eft poffible que vous ayiez le crédit de
» me perfécuter quelques inftans, vous n'aurez, certes,
» pas celui de me faire trouver coupable ».

Encore un mot, pour prouver que mes autres adverfaires partageoient les craintes de M. Lenoir. Au nom de
qui parloit M. l'Abbé Sabathier? au nom de la Dame
Kornmann. Pour qui agiffoit-il au fond? pour le fieur de
Beaumarchais, dont il paroiffoit alors être le partifan
& l'ami le plus déclaré. Ah! fi, dans ce moment, je me
permettois de franchir les bornes de la modération, dans
lefquelles je ne me contiens qu'avec peine aujourdhui,
combien il me feroit facile, en rendant compte de toutes
les offres qui m'ont été faites, en développant tous les
motifs qui ont déterminé ces offres, de donner la mefure
des craintes qu'ont éprouvées mes adverfaires, & de l'exceffive, & peut-être, imprudente indulgence dont j'ai fait
trop long-tems profeffion!

Je reviens fur le quatrieme fait. La Déclaration de
M. d'Eprémefnil prouve que mes adverfaires, en négociant

avec moi , ont dû me faire des offres fuffifantes pour me dédommager de ce qu'ils m'avoient fait fouffrir.

On vient de voir quelle étoit la grandeur de leurs craintes ; quelles étoient fur-tout les craintes de M. Lenoir. Or , fi , comme on ne peut plus en douter , ils ont demandé à capituler , fans doute ils m'ont offert de m'indemnifer de manière à ce qu'autant qu'il étoit en eux, les maux, dont ils étoient la caufe , fuffent réparés.

Une telle indemnité n'a dû fe mefurer que par la grandeur de ces maux ; par le danger des conféquences que mon Mémoire publié pouvoit avoir pour eux ; enfin, par l'étendue des moyens dont ils pouvoient difpofer.

Les maux qu'ils m'ont fait fouffrir font inappréciables ; le danger qu'ils couroient, par une conteftation avec moi, n'étoit pas ordinaire. S'ils fuccomboient dans l'attaque , la dame Kornmann étoit au moins privée de fa liberté ; M. Lenoir perdoit la confiance de l'Adminiftration & l'eftime publique, dont il fe montroit fi jaloux ; le fieur de Beaumarchais, qui ne comptoit , il eft vrai, pour rien l'eftime publique, pouvoit être condamné en des dommages-intérêts confidérables.

Chacun d'eux, en cette circonftance, a donc dû , fuivant fon caractère, ufer des moyens qui étoient à fa portée pour me faire oublier mes juftes fujets de reffentiment.

Or, laiffant à part, pour ce moment, le fieur de Beaumarchais & la dame Kornmann , & ne confidérant que M. Lenoir, que je combats fpécialement ici, n'eft-il pas évident , pour tous ceux qui me lifent, qu'il a dû m'offrir tout ce qui, dans la fituation où je me trouvois, pouvoit me déterminer au filence ? Et fi l'on remarque qu'à l'époque dont je parle, il jouiſſoit d'un grand crédit, qu'il diſpoſoit, ſous l'influence d'un Miniſtre dont il étoit le conſeil & l'ami, de beaucoup de places, de beaucoup de graces pécuniaires, y a-t-il lieu de douter qu'il n'ait cherché à mettre en uſage avec moi, tous les moyens qui étoient à ſa portée pour m'engager à me taire ?

Je reviens ſur le cinquième fait. La déclaration de M. d'Eprémeſnil prouve que M. Lenoir a dû me faire offrir au moins le rembourſement de ma créance dans l'affaire des Quinze-Vingts.

J'avois demandé, il y a deux ans, à M. Lenoir, dans le cours d'une négociation qu'il avoit provoquée lui-même,

1°. Que la dame Kornmann ſe retirât dans une maiſon décente, y vécût avec ſes 6000 liv. de penſion, & abandonnât à ſes enfans les deux tiers de ſon bien.

2°. que M. Lenoir me fît rembourſer de ma créance (de 600,000 liv.) dans l'affaire des Quinze-Vingts.

3°. Qu'il me fît accorder une Commiſſion honorable dans l'Etranger, que je remplirois à mes frais.

Suivant la Déclaration de M. d'Eprémeſnil, M. Lenoir a répondu ſur le premier point : *je ne puis rien.*

Sur le ſecond point : *je ne puis rien ; j'offre de juger ;* comme ſi, dans l'affaire des Quinze-Vingts il y avoit quelque choſe pour moi à juger ; comme s'il n'y étoit pas ſimplement queſtion de la liquidation de ma créance, liquidation qui ne me ſemble pas bien difficile à faire.

Sur le troiſième point, c'eſt-à-dire ſur ce qui regarde la Commiſſion que je demandois : *j'y donnerai mes ſoins très-volontiers.*

M. Lenoir a fans doute fait *matériellement* ces trois réponfes, puifqu'elles fe trouvent dans la Déclaration de M. d'Eprémefnil ; mais, il les a sûrement accompagnées de promeffes, d'offres, de paroles propres à détruire l'effet qu'elles pouvoient produire fur moi ; car, ces trois réponfes prifes à la lettre, équivalent évidemment à trois refus ou à trois zéros. Or, M. Lenoir pouvoit-il fe flatter d'acheter avec trois zéros mon filence ? M. Lenoir qui mettoit tant d'importance à étouffer mon procès, qui négocioit, capituloit, conféroit, fupplioit, devoit-il finir avec moi par ne me propofer aucun dédommagement ? Et fi l'on pouvoit adopter une pareille hypothèfe, n'y auroit-il pas ici une contradiction trop forte dans fa conduite ?

Donc néceffairement il a dû exifter, entre M. Lenoir & moi, des propofitions plus réelles, plus folides que les trois réponfes négatives & illufoires dont je parle. Or, ces propofitions ne pouvoient être que relatives à mon rembourfement dans l'entreprife des Quinze-Vingts, qu'il étoit en fon pouvoir de me procurer promptement ; la nature de fes démarches le prouve affez, & l'on ne croira jamais qu'un homme en place ait hafardé de fi nombreufes tentatives, & demandé tant de rendez-vous, pour fe borner à ne rien faire. Sans doute M. Lenoir, dans ces différens rendez-vous, aura cherché à envelopper toutes fes idées d'expreffions équivoques, de termes vagues ; fans doute, avec l'habitude que l'on ne contracte que trop fouvent dans les diverfes Places qu'il a occupées de ne jamais dire bien précifément ce qu'on veut faire entendre, afin de fe ménager la reffource de ne l'avoir pas dit, il eft poffible qu'il ait donné à fes difcours une tournure louche, pour échapper adroitement à une imputation grave, dans le cas ou j'aurois voulu tirer parti de ses discours contre lui; mais tant de subterfuges ne signifient rien aujourd'hui, & trop de choses concourent ici à prouver qu'en négociant avec moi, il n'a pas entendu me proposer des dédommagemens illusoires, pour qu'on ne voie pas qu'en effet il m'a promis tout ce que, dans la circonstance où il se trouvoit, il a dû me promettre.

Je reviens sur le sixième & dernier fait; la Déclaration de M. d'Eprémesnil prouve que véritablement M. Lenoir m'a fait offrir le remboursement de ma créance dans l'affaire des Quinze-Vingts. Lisez ces paroles (1) : » Comment trouvez-vous, *disoit M. Bergasse à M. d'E-* » *prémesnil*, comment trouvez-vous M. de Beaumarchais, » qui fait répandre maintenant que M. Kornmann avoit » demandé plus de 200,000 liv. pour se taire, avant la » retraite de M. de Calonne; mais, que depuis la retraite » de ce Ministre, il ne veut entendre à rien? « --- *Oh !* *pour cela, répliquai-je avec vivacité, c'est un peu fort, je* *suis sûr du contraire; vous savez que j'ai porté à M. Korn-* *mann des paroles d'accommodement avant la retraite de* *M. de Calonne, & qu'il les a fermement rejettées;* *vous pouvez le dire & me citer.*

Analysez avec moi ce paragraphe; il me semble qu'il démontre qu'il a été question, entre M. Lenoir & moi, d'une somme d'argent, ou plutôt d'un remboursement très-considérable.

Le sieur de Beaumarchais répandoit que j'avois voulu

____

(1) Voyez la Déclaration de M. d'Eprémesnil.

vendre

vendre pour 200,000 liv., mon Mémoire. C'eſt un peu fort, répond M. d'Eprémeſnil, c'eſt - à - dire, c'eſt un menſonge violent.

Je ſuis ſûr du contraire, ajoute-t-il; c'eſt-à-dire, je ſuis ſûr que M. Kornmann pouvoit mettre ſon ſilence à un prix plus haut, & qu'il ne l'a pas voulu; je ſuis ſûr que la conſidération de la retraite de M. de Calonne n'a influé en rien ſur la réſolution qu'il a priſe.

Vous ſavez, continue-t-il, que j'ai porté *à M. Korn-mann des paroles d'accommodement, avant la retraite de M. de Calonne*, & qu'il les a *fermement reietées*.

La liaiſon de cette phraſe, avec les antécédentes, prouve évidemment que ces paroles d'accommodement ne pouvoient être que des propoſitions pécuniaires, plus conſidérables que celles citées par le ſieur de Beaumarchais. Remarquez, en effet, que, dans cette phraſe, M. d'Eprémenil continue à vouloir prouver le menſonge du ſieur de Beaumarchais. Or, il ne pouvoit le faire qu'en déclarant que le ſieur de Beaumarchais en impoſoit d'autant plus, lorſqu'il affirmoit que j'avois demandé 200,000 liv. pour me taire; qu'au contraire, pour conſerver le droit de me plaindre, j'avois poſitivement refuſé de hâter, par le plus petit acte de complaiſance, le rembourſement de ma créance de 600,000 liv. dans l'affaire des Quinze-vingts, & que je n'avois pas craint de me donner pour ennemi celui-là même qui devoit liquider cette créance.

Sans cette explication, on ne concevroit pas comment M. d'Eprémeſnil auroit pu dire que j'avois fermement rejetté les paroles d'accommodement qu'il avoit eu la bonté de me porter.

D

Si ces paroles n'euſſent été que les deux négations, & la promeſſe vague de M. Lenoir, aurois-je eu beſoin d'une ſi grande fermeté pour les rejetter?

On ne remarque, on ne loue la fermeté d'un homme, dans le refus qu'il fait d'accepter des propoſitions qui lui ſont offertes, que lorſque ces propoſitions ſont de nature à le tenter, à le ſéduire, à l'engager à s'écarter du plan qu'il s'eſt tracé.

De plus, pourquoi ces mots: *avant la retraite de M. de Calonne*, ſi ce n'eſt parce que ce Miniſtre entroit pour quelque choſe dans la propoſition de M. Lenoir? Et comment y pouvoit-il entrer, s'il n'avoit pas été queſtion de faire liquider très-promptement ma créance, & de m'en faire rembourſer par le Tréſor royal?

Enfin, que veut dire cette phraſe: *Vous pouvez le dire & me citer?* ſinon, le ſieur de Beaumarchais vous fait vendre à bas prix vos droits; on m'en a offert un bien plus conſidérable, que vous avez fermement refuſé. *Vous pouvez me citer* (1).

---

(1) M. de Brunville, dans une de ſes lettres, dit que M. d'Eprémeſnil étoit incapable de ſe charger de me faire, de la part de M. Lenoir, une propoſition de ſix cens mille livres, pour m'engager à me taire; ce n'eſt pas non plus ce que j'ai dit; j'ai ſimplement dit que M. d'Eprémeſnil s'étoit chargé de me propoſer un prompt rembourſement de ce qui m'eſt légitimement dû dans l'affaire des Quinze-vingts; & j'ai mis entre deux parenthèſes (ſix cens mille livres, ſomme à laquelle ſe monte au moins le rembourſement.) Or, M. d'Eprémeſnil pouvoit très-bien, ſans ſe compromettre, me porter des paroles ſur une propoſition pareille, qui n'a en elle rien d'injuſte & de malhonnête, & que je ſuis loin d'imputer comme un crime à M. Lenoir. *Voyez mes obſervations ſur l'écrit de M. de Beaumarchais.*

Il réfulte donc évidemment, de ce dernier paragraphe, qu'il y a eu des propofitions d'argent, c'eft-à-dire, des propofitions de rembourfement, faites par M. Lenoir, plus confidérables que la propofition de deux cens mille livres, citée par le fieur de Beaumarchais ?

Mais pourquoi M. d'Eprémefnil ne s'eft-il pas expliqué plus clairement ? Pourquoi ? le voici : C'eft que fûrement M. d'Eprémefnil, après un long intervalle de tems, ne fe rappellant pas précifément les offres qui lui avoient été faites, a d'autant moins ofé les affirmer, qu'il craignoit que le fort de M. Lenoir n'en dépendît, & le fort de ce Magiftrat, autrefois fon ennemi, aujourd'hui dans la difgrace, devoit le déterminer à ne parler fur ce qu'il avoit pu lui dire, qu'avec la circonfpection la plus délicate : c'eft auffi qu'il eft poffible que M. Lenoir, s'étant exprimé avec toutes les précautions qu'exigeoit fa qualité de Commiffaire dans l'affaire des Quinze-vingts, M. d'Eprémefnil invité à s'expliquer, n'ait pas trouvé fage de franchir ces précautions, & de donner, dans une Déclaration publique, le fens caché des paroles qu'il avoit entendues.

M. d'Eprémefnil n'a fait ici que ce qu'on devoit attendre de fa générofité & de fa prudence. Ses anciens démêlés avec M. Lenoir ne lui permettoient pas de fe conduire autrement, & fon caractère de Magiftrat lui en faifoit une loi (1).

____

(1) M. d'Eprémefnil parle, dans fa Déclaration, de la converfation qu'il a eue avec moi au Lycée harmonique. M. d'Eprémefnil fe rappelle fûrement que, dans cette converfation, confidérant le mauvais état de

J'ai achevé, je crois, la tâche peu difficile que m'avoit imposé M. Lenoir, & il me semble que j'ai suffisamment démontré qu'il n'a rien moins que détruit les deux chefs d'accusation, dont il s'étoit engagé à démontrer la fausseté.

Je suis fâché qu'il m'ait réduit à la nécessité de lui répondre; je n'ai pu le faire sans rendre plainte directement contre lui au Parlement, & l'associer au danger d'une procédure dans laquelle, jusqu'à présent, j'avois évité de le compromettre.

M. Lenoir est maintenant malheureux; les coups que je lui ai portés dans l'opinion lui ont été, à ce qu'on m'assure, bien sensibles. Il faut donc distinguer M. Lenoir de mes

---

ma santé, & craignant que je ne succombasse aux fatigues que pouvoit m'occasionner la contestation à laquelle j'allois me livrer, il me conseilla de ne pas refuser les propositions de M. Lenoir.

M. d'Eprémesnil se rappellera sûrement aussi, que lui ayant fait quelques observations sur la bonne-foi des personnes avec lesquelles il me falloit traiter, & sur ce qu'il m'en avoit dit quelques mois auparavant, il s'efforça de me rassurer, & que, comme il ne lui étoit pas facile de dissiper mes doutes, il finit avec moi par ce propos remarquable : *Mais si, dans quinze jours, on vous montroit un Bon du Roi, qui vous satisferoit sur tout ce que vous pouvez desirer, refuseriez vous encore ?*

M. d'Eprémesnil, dans cette circonstance, n'a peut-être parlé que d'après le desir qu'il avoit de m'être utile. Mais, moi, j'ai cru très-sérieusement qu'il parloit comme porteur d'offres qui m'étoient faites. Je sais que depuis, M. Lenoir a soutenu à M. d'Eprémesnil, avec cet air de bonne - foi qui le caractérise quand il n'est pas de bonne - foi, qu'il avoit mal entendu ce qu'il lui avoit dit ; & je conçois très-bien que M. d'Eprémesnil, n'ayant pas présens à l'esprit les termes dans lesquels s'est exprimé M. Lenoir, a dû ne parler, dans sa Déclaration, que comme il l'a fait, c'est-à-dire, avec la circonspection la plus sévère.

autres adverſaires ; il faut donc reconnoître que l'eſtime publique ne lui eſt pas indifférente ; que s'il eût appartenu à d'autres circonſtances , que s'il étoit né avec un caractère plus déterminé, s'il eût été moins ambitieux de parvenir, & ſur-tout s'il fût venu dans un tems où , pour parvenir , on n'eût eu beſoin que de ſe rendre recommandable par des actions utiles , peut-être aujourd'hui n'aurois - je aucun reproche à lui faire : peut-être une conſidération méritée l'environneroit dans ſa retraite , & feroit la conſolation ou le charme de ſes derniers jours.

Ne jugez jamais les hommes par les fautes & même par les crimes qu'ils peuvent commettre : examinez , avant tout , les événemens qui ont influé ſur leurs déterminations , la meſure de volonté dont ils ſont doués , les opinions plus ou moins accréditées auxquelles ils ont obéi , & ſi vous en exceptez un petit nombre d'individus qui *font le mal avec orgueil* , & comme ayant reçu la puiſſance de nuire , vous verrez , à travers toutes les circonſtances qui rendent la plupart des hommes coupables , qu'il faut encore mêler quelque indulgence au ſentiment d'indignation qu'excite en vous la vue des maux , ſouvent irréparables , dont ils ſont la cauſe.

Peu d'hommes ſont nés avec un aſſez grand caractère pour réſiſter à la force de l'exemple , à l'influence de l'autorité , à l'appât d'une fortune conſidérable , à la facilité de ſatisfaire en ſecret les penchans qui les dominent ; peu , ſur - tout dans une ſociété dépravée , où il n'exiſte plus d'habitudes profondes, où l'ordre entier des relations morales eſt détruit, peu ont le courage de s'iſoler de toutes les circonſtances qui peuvent modifier en mal leur volonté.

Chacun de nous veut être bien ou veut être mieux, & ce n'eſt guère en réſiſtant à l'allure générale de l'opinion & des mœurs, qu'on eſpère trouver le ſyſtême de jouiſ-ſance qu'on pourſuit. La nature a fait les hommes pour cor-reſpondre entre-eux, comme tous les êtres qui ſe meuvent dans l'univers, & leur exiſtence relative eſt tout autant ſon ouvrage que leur exiſtence perſonnelle. Or, il ne peuvent correſpondre entre-eux qu'en s'imitant, qu'en faiſant enſemble les mêmes choſes; s'ils ſont forts, comme il arrive dans une ſociété où les loix de la morale con-ſervent tout leur empire, ils ne le ſont preſque toujours que d'une force commune : s'ils ſont foibles, comme il arrive dans une ſociété corrompue, c'eſt preſque toujours auſſi la commune foibleſſe qui les détermine, & leurs ver-tus ou leurs vices appartiennent plus ſouvent à l'ordre de choſes où ils ſont placés, qu'au caractère propre qu'ils ont r. çu.

Malheureuſement, la foibleſſe produit encore plus de maux que la méchanceté. La foibleſſe eſt de tous les inſ-tans ; & il faut dire ici, pour l'honneur de la nature hu-maine, que la méchanceté ſuppoſe un effort, une réac-tion contre tous les principes qui nous conſtituent, que nous ne pourrions répéter à tous les inſtans ſans nous dé-truire.

La méchanceté combine, & la foibleſſe s'abandonne; & la foibleſſe a ceci de plus dangereux que la méchanceté, que, dans toutes les mains, elle peut devenir un inſtrument du crime, & que la méchanceté ne met guère à exécution que les crimes qu'elle invente.

Pour qui a bien étudié la ſociété il n'eſt pas beſoin de

démontrer que l'homme méchant ne formeroit prefque jamais que des complots inutiles, s'il ne comptoit fur ce grand nombre d'hommes foibles qui, n'ayant que des volontés incertaines, ont befoin d'emprunter d'une volonté plus active, le mouvement auquel ils obéiffent.

Ainfi, peut-être ne faut-il pas attribuer à un fyftême de perverfité bien réfléchi de la part de M. Lenoir, toutes les infortunes publiques ou particulières dont il eft l'auteur. Il n'a pas toujours vu les conféquences de ce qu'il faifoit, ou de ce qu'on lui faifoit faire ; & puis fans doute, comme il arrive à tous les hommes dont la morale n'eft pas affez arrêtée, dans beaucoup de circonftances, il a trouvé plus fimple de couvrir une première faute par des fautes nouvelles, que de revenir fur fes pas.

Aujourd'hui que l'opinion qui foutenoit M. Lenoir n'exifte plus ; que les forces qui faifoient fon appui font difperfées, qu'il defcende dans fa confcience, qu'il réfléchiffe fur tous les maux qu'il a caufés, &, s'il eft poffible, que ce foit-là fa feule peine !

Qu'il fonge à tous les fentimens pénibles qui fe font fuccédés dans mon cœur, à toutes les idées douloureufes qui ont affiégé mon efprit pendant les fix années qui viennent de s'écouler ! Qu'il penfe que durant une efpace de tems fi confidérable, je n'ai pas compté une journée, un moment, un feul moment où je n'aie été en proie aux agitations les plus cruelles, à tous les faififfemens de la crainte, à tous les mouvemens du défefpoir, aux inexprimables tourmens d'une ame révoltée contre un des plus affreux fyftêmes de perfécution qu'ait encore inventé la méchanceté humaine. Maintenant qu'il fouffre, qu'il calcule, s'il fe peut, mes fouffrances ; & lui, qui n'a jamais douté de mon innocence, lui qui favoit fi bien jufqu'à quel point ma conduite étoit généreufe & pure, qu'il me dife s'il eft poffible d'imaginer un fupplice plus horrible que celui qu'il m'a fait endurer, & que j'ai cru fi long-tems ne devoir finir qu'avec moi !

Eh ! fi j'étois le feul infortuné qui eût à fe plaindre de fon injuftice ! .... mais, combien de malheureux qui gémiffent aujourd'hui dans l'obfcurité , victimes des nombreux abus d'autorité qu'il s'eft permis ! .... Combien qui, dans les horreurs d'une captivité cruelle , expient encore , à l'inftant où je parle , le crime d'avoir oppofé une réfiftance d'un moment , au mouvement des paffions qui l'agitoient ! Combien qu'il a dévoués fans remords, fans pitié, à la vengeance des hommes puiffans , dont il lui importoit d'obtenir ou de conferver la faveur ! Ah ! quand la voix de l'ambition fe fait entendre , qu'importe l'humanité ? qu'importent les éternelles loix de la morale? qu'importent les cris déchirans de l'innocence qu'on opprime ?

Impatient d'arriver au but qu'il fe propofe, l'ambitieux ne voit dans l'homme , qui le retarde quelques inftans dans fa marche, qu'un obftacle phyfique, qu'il eft de fon intérêt de détruire ; & quand il difpofe du pouvoir, un cachot s'ouvrira , s'il en eft befoin, pour le délivrer , fans retour , de la réfiftance qu'il éprouve.

Et cependant , tandis qu'il pourfuit le cours de fes profpérités, le malheureux qu'il a cru devoir facrifier à fa fortune, féparé de la fociété entière , feul, avec fon innocence & fa douleur, enfermé dans fa prifon comme dans un tombeau, s'agite vainement dans fes fers : il ne

fait

fait pas fi au-delà des murs épais qui l'environnent , il exifte encore quelque être fenfible qui s'intéreffe à fa deftinée. Un filence de mort le preffe en tous-fens ; il pleure , & il n'a aucun témoin de fes pleurs ; il efpère quelquefois , & perfonne ne le foutient dans fa foible efpérance. Plus fouvent livré à cette mélancolie dévorante & profonde, qu'enfante la perfpective d'un malheur qui peut-être ne finira plus , il gémit abattu par le poids des maux infupportables qu'il éprouve, & la fatale certitude de leur durée ; & alors chacune de fes penfées tombe comme une larme brûlante fur fon cœur , & chaque minute a fa penfée, & quelquefois des années entières s'écoulent compofées de ces horribles inftans. . . . . . . Ah ! fi le Magiftrat qu'il me faut ici compter au nombre de mes adverfaires , rendu, maintenant à lui-même , revenu des longues illufions de la faveur & de la fortune , réfléchit fur le grand nombre d'in - fortunés dont il a caufé la ruine , ou dont il a commandé, les tourmens ; fi , dans la folitude où il vit , leurs ombres défolées s'offrent à fes regards ; s'il entend leurs voix plaintives !. . . . Oh ! comme il doit fouffrir ! Oh ! combien il eft à plaindre ! Ah ! les regrets auxquels il eft en proie fuffifent à ma vengeance ... Encore une fois , que ce foit-là fa feule peine. Quand il difpofoit de quelque puiffance , mon langage énergique & fier étoit celui d'un homme lâchement opprimé, que n'effraie pas la puiffance ; mais, aujourd'hui qu'il eft malheureux , pourquoi s'expofe - t - il encore aux inévitables coups que je peux lui porter ? par quelle fatalité me réduit-il de nouveau à la néceffité de le combattre ? *Signé* , G. KORNMANN.

Me. BRAZON, Procureur.

E

Nota. Je viens de rendre plainte contre le Propriétaire,
le Rédacteur & le Censeur *du Courier de l'Europe*, à cause
des articles insérés contre moi, dans cette Feuille, les 8,
12 & 15 Juin dernier.

J'attends, avec impatience, le nouveau Mémoire que
fait rédiger le sieur de Beaumarchais ; l'Auteur de ce Mémoire est, à ce qu'on m'assure, un Ecrivain très-connu,
qui aura, sans doute, le courage de se nommer.

J'attends, avec la même impatience, le Mémoire de la
dame Kornmann & celui du sieur Daudet, que l'on
annonce.

MÉMOIRE

PRÉSENTÉ au ROI, par M. LENOIR, Conseiller d'État, & imprimé avec la permission de SA MAJESTÉ.

APRÈS avoir rempli pendant ving-cinq ans différentes places de Magiftrature, j'ai été nommé à celle de Lieutenant-Général de Police. Je l'ai exercée pendant près de douze années.

Elle m'a coûté des veilles, des foins & des facrifices ; mais j'ai pu compter au nombre de mes jours heureux, ceux où j'ai confolé des infortunés, arrêté les défordres, réconcilié deux ennemis, rapproché deux époux, & prevenu la ruine ou le déshonneur d'une famille.

J'ai quitté cette adminiftration depuis deux ans, & je croyois avoir mérité l'eftime de mes Concitoyens ; mais la malignité, qui fait attendre pour faire un plus grand mal, a obfervé le moment où il pourroit lui convenir le plus de diriger fes attaques, & elle a faifi les circonftances qui pouvoient me les rendre plus fenfibles.

C'eft à la fin de l'Affemblée des Notables, parmi lefquels j'avois eu l'honneur d'être appellé, qu'ont été répandus avec profufion, un Mémoire & une feuille imprimés, dans lefquels j'ai été dénoncé comme coupable de grandes prévarications.

Plufieurs perfonnes, qui, par leur intégrité, leurs lumières & leurs fentimens pour moi, ont le droit de guider mes démarches, ne vouloient pas que je fiffe de réponfe. Elles me difoient qu'on n'en devoit aucune à des écrits qui n'avoient pas de forme légale ; qu'un Magiftrat & fur-tout celui qui a été chargé d'un miniftère de confiance, n'a que fes amis, fa vie paffée, & la voix du peuple dont il a mérité d'être aimé, à oppofer aux clameurs des méchans. Qui mieux que moi fent la force de cet avis, & pour qui peut-il être plus amer d'y refifter, & d'avoir à refuter des libelles ?

Mon refpect pour l'opinion publique l'a cependant emporté fur toute autre confidération, & j'ai efpéré que fi l'on pouvoit blâmer une exceffive délicateffe, on daigneroit faire attention que réfuter une accufation, n'eft pas répondre à un accufateur, & qu'on fe met autant au-deffus d'elle par les preuves qui la confondent, que par le filence qui la dédaigne.

J'ai feparé de ces imputations vagues & invraifemblables qu'on a multipliées, les deux feuls faits, qui, préfentés avec art & affirmés avec audace, m'ont paru capables de faire quelqu'impreffion fur ceux qui ne feroient pas inftruits. Ma juftification ne confiftera qu'à les mettre dans le plus grand jour.

L'affaire que préfente M. Kornmann remonte à 1781. Je n'y ai paru que pour tâcher de concilier les efprits & pour exécuter les ordres du Roi.

D'autres affaires étrangères à la détention de fa femme, l'ont fucceffivement mis dans le cas de recourir à moi ; je lui ai rendu juftice ; & dans la derniere vifite qu'il m'a faite en 1786, il m'a témoigné fa reconnoiffance.

Aujourd'hui il m'accufe d'abus d'autorité relativement à cette ancienne affaire, fur laquelle l'adminiftration de la Police a ceffé, à la fin de 1781, d'avoir aucune influence.

Il affure d'abord, *que j'ai remis fa femme au fieur de Beaumarchais :* voici à cet égard le fait dont j'ai retrouvé les preuves.

Au mois de Juin 1781, la Dame Kornmann fut arrêtée, fur la réquifition & aux frais de fon mari, en vertu d'un ordre du Roi.

Au mois de Novembre fuivant, elle avoit formé fa demande en féparation de corps & d'habitation, & elle avoit fait affigner fon mari, en vertu de l'ordonnance de M. le Lieutenant Civil.

E 2

Dans le courant du mois de Décembre, elle fit préfenter au Miniftre plufieurs Mémoires, par lefquels elle demandoit fa liberté pour fuivre cette demande.

Dans l'un de ces Mémoires, elle offroit de fe retirer pendant tout le tems de fa groffeffe & de fes couches chez un Chirurgien-Accoucheur, avec foumiffion de fe repréfenter à l'autorité, ou à la juftice, & fous la caution du Chirurgien de répondre de fa perfonne & de la repréfenter ; elle indiquoit le fieur Page, Chirurgien-Accoucheur & Doĉteur en Médecine.

A ces Mémoires étoient jointes copie de la Requête préfentée à M. le Lieutenant Civil, par laquelle elle demanderoit provifoirement d'être autorifée à fe retirer chez un Chirurgien pour faire fes couches, & copie de l'Ordonnance de M. le Lieutenant Civil portant entr'autres chofes, *permis d'affigner le mari à bref délai pour être les Parties entendues préfence l'une de l'autre.*

Ces Mémoires me furent renvoyés par le Miniftre ; je n'ai pas ignoré que Madame la Princeffe de Naffau & M. de Beaumarchais follicitoient la liberté de la Dame Kornmann : on me taxoit d'écouter favorablement le mari ; & le Miniftre marquoit qu'il étoit inftant de prendre un parti définitif.

Sans provoquer les ordres que l'on follicitoit, j'ai répondu au renvoi de ces Mémoires, en expofant mes réflexions fur la fituation de la Dame Kornmann & le lieu de fa détention, fur les diverfes accufations de fon mari contre elle, fur le Chirurgien propofé & fur l'état des procédures commencées au Châtelet, qui mettoient en oppofition la voie juridique & celle de l'autorité.

Le 27 Décembre 1781, deux ordres du Roi me furent adreffés, avec une lettre du Miniftre, l'un pour révoquer celui en vertu duquel la Dame Kornmann étoit détenue dans la maifon de la Demoifelle Douay, & l'autre pour la faire conduire en la maifon du fieur Page, Accoucheur & Doĉteur en Médecine. Le 28, ces ordres furent exécutés.

Copie de l'ordre du Roi, pour la remife de la Dame Kornmann au fieur Page.
Soumiffions dudit fieur Page & de la Dame Kornmann.

Il est ordonné au fieur (*nom de l'officier de Police*) de retirer de la maifon de la Demoifelle Douay, la Dame Kornmann, & de la conduire dans celle du fieur Page, Accoucheur & Doĉteur en Médecine.

Enjoint Sa Majefté, à ladite Dame Kornmann, fuivant fa foumiffion de ne pas fortir de la maifon, & de n'y recevoir que fes Avocat & Procureur, comme auffi ordonne Sa Majefté au fieur Page, fuivant la foumiffion que ladite Dame Kornmann a offert de faire faire au fufdit fieur, de la repréfenter toutes les fois qu'il en fera requis, & ce, jufqu'à nouvel ordre. Fait à Verfailles le vingt-fept Décembre mil fept cent quatre-vingt-un. *Signé* LOUIS. *Et plus bas,* AMELOT.

Je fouffigné, promets & fais ma foumiffion de me conformer à l'ordre ci-deffus. Ce 28 Décembre 1781. *Signé* PAGE, D. M.

Je fouffignée, promets & fais ma foumiffion, de me conformer à l'ordre ci-deffus. Ce 28 Décembre 1781. *Signée* KORNMANN née FAESCH.

Il est effentiel de remarquer que la dépofition juridique du fieur Page, dans l'information faite à la requête de M. Kornmann fur l'accufation d'adultère est abfolument conforme ; qu'elle étoit connue de M. Kornmann avant fon Mémoire imprimé, comme toutes les autres dépofitions qui y font citées, & qu'il n'ignoroit pas que ce Chirurgien avoit dépofé avoir fait fa foumiffion devant moi, *hors la préfence du fieur de Beaumarchais.*

Il est donc faux que la remife de la perfonne de la Dame Kornmann ait été par moi faite à M. de Beaumarchais, & il est évident que je ne pouvois me refufer à la faire à un Chirurgien qui avoit un titre pour l'obtenir.

M. Kornmann déclare encore *que je l'ai fait follicicer de fupprimer fon Mémoire;*

qu'à ce prix je lui ai offert de le faire rembourser sur le champ de 600,000 *livres,
qu'il dit lui être dues dans l'affaire des Quinze-Vingts , & de lui abandonner le
sieur de Beaumarchais , sur le compte duquel je ne m'étois exprimé qu'avec mépris ,
& que je voulois faire regarder comme le seul auteur de la persécution dont il se
plaint.*

On sent la noirceur de cette accusation faite par une feuille distribuée huit jours
après le Mémoire, & le dernier jour de l'Assemblée des Notables. La calomnie est
ici profondément, mais aveuglément méditée.

M. Kormann nomme deux Magistrats pour garants de son assertion , M. d'Eprémesnil, Conseiller au Parlement, & M. de Brunville, Procureur du Roi au Châtelet. Il dirige en même-tems une accusation particuliere contre M. de Brunville.
Ce Magistrat a adressé sa justification à M. le Garde des Sceaux, & en repoussant
l'imposture qui le concernoit, il a détruit celle dont j'étois l'objet. Le Chef de la
Justice a daigné m'autoriser à rendre publique la lettre de M. de Brunville en ce qui
me regarde.

*Copie de la Lettre de M. le Procureur du Roi, à M. le Garde des Sceaux , en ce qui
regarde M. Lenoir.*

M ONSEIGNEUR,

J E viens d'avoir connoissance d'une feuille imprimée , intitulée : *Observations
de M. Kornmann, sur un Ecrit de M. de Beaumarchais.* Mon nom se trouve cité deux
fois dans cette feuille ; & toutes les deux fois, ce qui donne lieu de me nommer est
rapporté d'une maniere contraire à la vérité. Permettez-moi, Monseigneur , en ayant
l'honneur de vous rendre compte des faits tels qu'ils sont, de prendre la liberté de
vous soumettre une observation qui me paroît essentielle : c'est que la condition des
Magistrats seroit bien fâcheuse, si la certitude qu'ils ne répondront pas publiquement
aux imputations qu'on hazardera contre eux, les exposoit à être en but aux satyres
& aux mensonges.

L'un des faits consignés dans l'Ecrit du sieur Kornmann m'est personnel ;
. . . .
. . . . , ...
. . . .

Le second fait relativement auquel je suis cité, ne m'est pas personnel ; mais il est
tellement faux dans la maniere dont il est rendu , que j'ose croire, Monseigneur, que
vous ne trouverez pas mauvais que j'aie l'honneur de vous donner à cet égard quelques
éclaircissemens. Ce fait a pour objet une prétendue negociation entamée chez moi.
Suivant le sieur Kornmann, *M. Lenoir l'a fait solliciter de supprimer son Mémoire,
& à ce prix, il a offert de lui faire rembourser* 600,000 *livres qui lui étoient dues
dans l'affaire des Quinze-Vingts ; & à ce prix encore, il a offert d'abandonner au
sieur Kornmann le sieur de Beaumarchais , sur le compte duquel il ne s'exprimoit
qu'avec mépris, & qu'il vouloit faire regarder comme le seul auteur de la persécution dont il se plaint.* Les paroles de M. Lenoir lui ont été (dit le sieur Kornmann)
portées par M. d'Eprémesnil.

Il est vrai, Monseigneur, que M. Lenoir & M. d'Eprémesnil se sont rencontrés
chez moi ; mais IL EST FAUT QUE M. LENOIR L'AIT PRIÉ DE SOLLICITER
LE SIEUR KORNMANN DE SUPPRIMER SON MÉMOIRE. IL EST ABSOLUMENT
FAUX QU'A CE PRIX, IL AIT PROMIS DE FAIRE PAYER AU SIEUR KORN-
MANN LES 600,000 LIVRES QU'IL RÉCLAME DANS L'AFFAIRE DES QUINZE-
VINGTS ; IL EST ÉGALEMENT FAUX QUE M. LENOIR NE SE SOIT EXPRIMÉ
QU'AVEC MÉPRIS SUR LE COMPTE DE M. DE BEAUMARCHAIS, ET QU'IL AIT
VOULU LE FAIRE REGARDER COMME LE SEUL AUTEUR DE LA PERSÉCUTION

DONT LE SIEUR KORNMANN SE PLAINT. M. d'Eprémefnil que j'ai vu hier, fe rappelle très-bien, ainfi que moi, la converfation qui a eu lieu; & en parlant au fieur Kornmann de cette converfation, il ne lui a certainement rien dit qui pût autorifer les fauffetés qui fe trouvent accumulées dans cette feuille. M. Lenoir & M. d'Eprémefnil vous font connus, Monfeigneur; le premier eft incapable d'avoir fait une profition femblable à celle des 600,000 livres, & le fecond incapable de s'en être chargé fi elle eût été faite.

Paris, ce 27 Mai 1787.

M. de Brunville m'a auffi adreffé le défaveu le plus formel de l'affertion de M. de Kornmann, & m'a permis de le publier.

Lettre de M. de Brunville à M. Lenoir.

JE viens, Monfieur, de lire une feuille imprimée, intitulée : *Obfervations de M. Kornmann fur un Ecrit de M. de Beaumarchais.* Il paroîtroit, d'après cette feuille, que M. d'Eprémefnil a été chargé par vous d'une négociation vis-à-vis du fieur Kornmann, laquelle a été entamée chez moi; que l'objet de cette prétendue négociation auroit été d'engager le fieur Kornmann à fupprimer fon Mémoire; & à ce prix, on dit que vous lui avez fait offrir de lui faire rembourfer fur le champ tout ce qui lui étoit dû dans l'affaire des Quinze-Vingts, & que vous avez auffi offert de lui abandonner M. de Beaumarchais, fur le compte duquel on prétend que vous vous êtes exprimé avec mépris, & que vous avez voulu faire regarder comme le feul auteur de la perfécution dont le fieur Kornmann fe plaint.

J'ignore quelle impreffion aura pu faire l'Ecrit qui vient d'être diftribué; mais je dois à la vérité de démentir des faits auffi faux que ceux qui y font contenus. Vous vous êtes trouvé chez moi, Monfieur, il y a quelque tems. (je m'en rappelle très-bien,) avec M. d'Eprémefnil; mais il eft faux que vous ayez prié ce Magiftrat de folliciter le fieur Kornmann de fupprimer fon Mémoire. Il eft également de toute fauffeté que vous ayez chargé M. d'Eprémefnil d'offrir au fieur Kornmann, pour le déterminer à cette fuppreffion, de lui faire rembourfer les 600,000 liv., qu'il dit lui être dues dans l'affaire des Quinze-vingts. Ce que le fieur Kornmann ajoute relativement à M. de Beaumarchais n'eft pas plus exact.

Je ne doute pas, Monfieur, que M. d'Eprémefnil ne s'empreffe à vous donner les affurances les plus pofitives de l'inexactitude de tous ces faits, pour peu que vous le defiriez. Quant à moi, je me reprocherois de ne pas vous faire parvenir la dénegation la plus formelle de ma part, de ce qui a été avancé fauffement dans l'Ecrit du fieur Kornmann. Vous êtes le maitre de faire de cette lettre tel ufage que vous jugerez convenable. J'ai cru vous devoir, j'ai cru me devoir à moi-même, de rétablir la vérité. Je m'eftimerai heureux, fi je peux contribuer a la faire prévaloir fur l'erreur.

J'ai l'honneur d'être avec un fincère & refpectueux attachement, Monfieur, Votre, &c. *Paris, ce 24 Mai 1787.* DE FLANDRE DE BRUNVILLE.

Je vais joindre ici la Déclaration de M. d'Eprémefnil.

Déclaration de M. d'Eprémefnil fur ce qui s'eft paffé le 31 Mars 1787, entre M. Lenoir, M. l'Abbé Sabatier & lui, chez M. de Brunville.

POUR bien entendre ce qui s'eft paffé chez M. de Brunville, il faut reprendre les chofes dès leur origine.

Dans les derniers jours du mois de Mars, (c'étoit, je crois, le Mercredi 28, ou le Jeudi 29,) M. Sabatier me fit l'honneur de venir chez moi pour m'engager à faire ufage de mon credit fur l'efprit d'un homme que je protégeois, me difoit-il, en le réconciliant avec fa femme, & prévenant une explofion fâchenfe à tous égards ; il me nomma M. de Kornmann. J'eus l'honneur de répondre à M. Sabatier que je n'etois point fait pour protéger M. de Kornmann ; que je l'eftimois & le plaignois comme un homme vertueux & malheureux ; mais que je ne voulois abfolument pas me mêler de fon affaire , finon pour procurer , autant qu'il feroit à mon pouvoir, un libre cours à la juftice, dans le cas où l'autorité furprife s'inter-poferoit entre la loi & M. de Kornmann ; que tels étoient mes fentimens ; *& vous favez* , ajoutai-je à M. l'Abbé Sabathier, *que j'en ai parlé dans les mêmes termes à M. de Beaumarchais , que j'ai rencontré chez vous l'année dernière , lorfqu'il voulut me donner des impreffions fâcheufes fur le compte de M. de Kornmann , qu'il me peignoit fous les traits d'un banqueroutier, d'un caiffer infidèle , & d'un mari féroce.* M. l'Abbé Sabathier infifta : *le role de pacificateur dans une affaire auffi cruelle, me difoit-il, feroit digne de vous.* Je lui déclarai que je n'en voulois pas, & nous nous féparâmes, lui m'affurant qu'il efpéroit finir par me perfuader, moi, repon-dant qu'il n'y parviendroit jamais. Je ne me rappelle pas qu'il ait été queftion de M. Lenoir dans cette entrevue. Je croirois même pouvoir plutôt afiurer le contraire.

Le Samedi fuivant 31 Mars (pour cette date, elle m'eft bien préfente) ; le Sa-medi 31 Mars dans la matinée, M. l'Abbé Sabathier me fit l'honneur de venir chez moi : *Mon honorable ami* , me dit-il en débutant , *je n'ai pas renoncé à vous perfuader. Cette malheureufe femme eft au défefpoir ; elle vous feroit pitié ; elle eft venue m'implorer, ou plutot c'étoit vous qu'elle imploroit ; elle dit que fon repos dépend de vous, que vous pouvez tout fur fon mari ; elle demande ce qu'il veut qu'elle faffe ; je fuis la mère de fes enfans ; qu'il difpofe de moi ; j'ai commis des imprudences ; mon mari eft aigri ; mais M. d'Eprémefnil peut l'adoucir ; ce Ma-giftrat refufera-t-il de rendre , puifqu'il le peut, une femme à fon mari , une mère à fes enfans, des enfans à leur mère ?.. Mon cher Abbé* , lui dis-je, en m'armant de fermeté, car j'avoue que j'en avois befoin , *laiffez-moi tranquille. Je vous dis que je n'ai point d'empire fur l'efprit de M. de Kornmann dans cette affaire ; que je n'en veux point avoir ; il m'évite : je l'entends très-bien ; & véritablement ne mettez-vous à la place d'un homme ruiné , empoifonné , affaffné , décrié. Si Madame de Kornmann étoit autrement entouré , ah ! que cette réunion feroit facile ! . . . N'im-porte*, reprit M. l'Abbé Sabathier, *plus la tâche eft difficile , autant qu'honnête , plus elle vous convient.* (Je ne rapporte ces expreffious que par fidelité.) *On parle d'un Mémoire ; on dit que M. Bergaffe en eft l'auteur ; que M. Lenoir y fera com-promis ; vous avez eu des liaifons avec lui, & des démelés auffi ; il fe méfera de moi. Au refte , je vous donne M. Bergaffe comme un homme d'honneur, un généreux ami , la feule confolation de M. de Kornmann après fes enfans. M. Lenoir ne fe méfie point de vous ; il fe plaint au contraire de ce que vous vous êtes éloigné de lui ; il ne demande pas mieux que de caufer avec vous de cette affaire ; & je vous propofe de vous trouver enfemble chez votre ami intime, M. de Brunville, qui veut bien y con-fentir pour l'amour de la paix ; le voulez-vous ? Vous eft-il poffible de refufer à vos amis, à une mère malheureufe, à un Magiftrat recommandable que vous avez aimé, & , je puis le dire, à M. de Kornmann lui-même, dont vous feriez le bonheur, une faveur auffi facile, auffi légitime , & dont les réfultats peuvent être auffi purs en eux-mêmes, auffi doux à votre cœur ?... Que veut-on ? Après m'etre débattu fort long-temps, je me rendis . . . . Hé bien*, dis-je à mon victorieux Confrère, *que M. Le-noir donne fon jour; je me rendrai chez M. de Brunville. Donnez le vôtre*, reprit M. Sabathier, *on l'acceptera . . . . . . En ce cas, Lundi prochain. ---- Je crois que M. Lenoir doit profiter de la vacance des Notables, pour aller demain à fa ca-pagne. Hé bien donc , ce foir , à fept heures, & je vous prie de vous y trouver.* Nous en convînmes ; il me quitta ; & comme ne pas rendre le ton en même-temps que les paroles, eft trop fouvent l'art de défigurer un entretien, je dois dire qu'il etoit impoſſible d'avoir un ton plus noble, plus ouvert, & plus pénétrant tout-à-la-fois que celui de M. l'Abbé Sabathier.

Le ſoir donc du même jour Samedi 31 Mars, entre ſept & huit heures, je me rendis chez M. de Brunville; M. Lenoir & M. l'Abbé Sabathier y étoient arrivés. Je crus m'appercevoir que ma préſence affectoit le premier déſagréablement; je ne tins point à la ſienne; je fus à lui, je lui pris les mains, je l'embraſſai; *vous pouvez*, lui dis-je, *me parler & m'écouter ſans prévention; je ne viens ici qu'avec de bonnes intentions. Le Lieutenant de Police & le Conſeiller au Parlement, ont eu des opinions différentes, & même des démêlés; mais dans un moment comme celui-ci, j'eſpère que je vous oublierez tout, ainſi que moi : je vous aſſure que je ſuis bien ſenſible à votre confiance . . . .* M. Lenoir ne répondit à cette effuſion qu'en me ſerrant les mains d'un air qui valoit mieux que des paroles, puis il me dit : *je vous vois comme je le déſirois . . . .* Et la converſation ainſi réglée ſur un ton doux, nous nous aſſîmes.

» Meſſieurs, leur dis-je en riant, je ne ſuis venu ici de la part de perſonne, ni pour
» mon propre compte. M. de Kornmann, que je n'ai pas vu depuis long-tems,
» ignore ma démarche; c'eſt vous qui m'avez mandé; par conſéquent, c'eſt à moi
» d'attendre & d'écouter ».

Alors un des trois Magiſtrats préſents à cette conférence, je ne ſais plus lequel, m'adreſſant la parole, me dit : *Savez-vous ce que veut M. de Kornmann ? . . . .*
» Je crois, répondis-je, qu'il ne veut plus que juſtice; ce ſont du moins les der-
» nières diſpoſitions dans leſquelles je l'ai laiſſé » . . . . . Mais, reprit M. Lenoir,
» pourquoi m'attaque-t-il ? Je ſuis ſûr qu'il ſe prépare à me diffamer dans un Mé-
» moire public. Qu'a-t-il à ſe plaindre de moi ? » . . . . Je ſaiſis cette queſtion pour témoigner à M. Lenoir toute ma ſurpriſe de ce qu'il avoit retiré Madame de Kornmann de la maiſon des Demoiſelles Douay, pour la remettre entre les mains de M. de Beaumarchais. M. Lenoir ſe défendit de cette action, m'aſſurant qu'il n'avoit ſûrement rien fait ſans ordre; mais qu'il ne ſe rappelloit pas d'avoir remis Madame de Kornmann entre les mains de M. de Beaumarchais, & de-là prit ſon texte pour m'expoſer fort en détail ſa conduite dans l'affaire de M. de Kornmann. Ce n'eſt pas à moi de répéter l'expoſé de M. Lenoir. « Monſieur, lui dis-je, j'ignore
» les diſpoſitions actuelles de M. de Kornmann; je le connois pour le plus honnête
» homme du monde, & le plus malheureux : il m'a toujours paru naturellement
» doux; mais à préſent c'eſt un homme doux révolté. Il y a deux ans paſſés, lorſque
» je fus aſſez heureux pour l'engager à ſuſpendre ſes plaintes, au ſujet deſquelles
» j'eus l'honneur de vous écrire, je ſais qu'il vous fit demander trois choſes : la pre-
» mière, que Madame de Kornmann ſe retirât dans ſa famille, & qu'elle aſſurât
» les deux tiers de ſa fortune à ſes enfans : la ſeconde, que ſa créance, qu'il diſoit
» & dit encore être inconteſtable, dans l'affaire des Quinze Vingts, lui fût promp-
» tement rembourſée après avoir été jugée, ſon deſſein étant de quitter la France
» au moins pour un temps : la troiſieme, que vous employaſſiez vos bons offices à
» lui faire obtenir en pays étranger, un emploi honorable ſans appointemens, uni-
» quement pour détruire les bruits injurieux que les ſéducteurs de ſa femme, ſes
» ennemis, avoient ſemés par-tout ſur ſon compte; c'eſt ainſi qu'il s'en eſt expliqué
» avec moi en pluſieurs occaſions. Il ajoute, c'eſt lui qui parle, qu'on l'avoit amuſé
» conſtamment par de vaines eſpérances. Permettez-moi donc de vous demander ce
» que je pourrois lui rapporter ſur ces trois propoſitions, s'il vouloit m'entendre ».
Voici la réponſe de M. Lenoir ſur la première propoſition : *Je ne ſais pas qu'elles*
» *ſont les diſpoſitions de Madame de Kornmann; mais je trouve la propoſition très-*
» *raiſonnable; & ſi Madame de Kornmann me conſultoit, je l'exhorterois à ſaiſir*
» *cette voie d'accommodement.* —Sans doute, a dit M. l'Abbé Sabathier; & Madame
» de Kornmann m'a paru diſpoſée à donner à ſes enfans, même la totalité de ſa
» fortune. *Sur la ſeconde propoſition*, a repris M. Lenoir, *il ne m'eſt pas permis de*

» m'expliquer, étant Commissaire du Roi dans l'affaire des Quinze-Vingts ; tout ce
» que je puis dire, c'est que je n'ai aucun motif pour différer le jugement de la
» créance de M. de Kornmann ; qu'elle sera jugée dès qu'il sera possible ; le reste
» n'est pas en mon pouvoir. A l'égard de la troisième proposition, je ne me rappelle
» pas qu'elle m'ait jamais été faite.... Pardonnez-moi, lui dis-je ; elle a dû vous
» être faite, ou par M. de Kornmann directement, ou par M. Gomel Procureur
» au Châtelet, si j'ai bonne mémoire.... Cela peut-être, me répondit M. Lenoir ;
» mais je ne m'en souviens pas ; je n'y aurois trouvé dans le temps aucune difficulté ;
» maintenant, s'il est possible d'obtenir pour M. de Kornmann l'emploi ou le brevet
» qu'il desire, j'y donnerai mes soins très-volontiers ».

« A l'égard de M. de Beaumarchais, poursuivit M. Lenoir, je ne me fais point
» garant de la conduite qu'il a tenue dans cette affaire : il a cru devoir venir au
» secours de Madame de Kornmann ; ce n'a jamais été ni par mes conseils, ni par
» les moyens que ma place auroit pu me donner ».

Tel est, sinon en propres termes, du moins en substance, le résumé fidèle, &
quelquefois littéral de ce qui s'est dit chez M. de Brunville. Prêts à nous séparer,
M. l'Abbé Sabathier me rappella tout le bien que je ferois, si j'avois le talent
d'adoucir M. de Kornmann, d'arrêter l'explosion, de rapprocher deux époux dé-
sunis, & de remettre enfin deux enfans dans les bras de leur mère. On me fit promettre de parler à M. de Kornmann, & je le promis. Ainsi s'est terminée la conférence.

Le lendemain, & plusieurs jours de la Semaine-Sainte, je cherchai M. de Kornmann, une fois chez lui, & d'autre fois au Lycée harmonique ; mais inutilement.
Enfin nous nous sommes rencontrés le jour de Pâques entre quatre & cinq heures du
soir. Je lui rendis compte de la conférence du 31 Mars. Peindre l'étonnement,
l'indignation, & l'indulgence qui s'entre-combattoient visiblement en lui, me seroit
impossible. Au milieu de ces agitations, je crus un moment que l'indulgence l'em-
porteroit ; mais cet espoir ne dura guères : il s'étoit évanoui avant même que j'eusse
quitté M. de Kornmann : & le lendemain matin de tres-bonne heure, je reçus, sans
surprise, une lettre de lui qui m'annonçoit que sa position étoit tellement compliquée
qu'elle n'admettoit plus de possibilité d'aucun accommodement ; qu'il croiroit n'avoir
pas beaucoup de peine à m'en convaincre : que s'il ne m'en avoit fait sur le champ
l'observation que partiellement, c'est qu'il étoit tellement étourdi du récit de mon entrevue, que les idées qu'elle avoit fait naître, ne s'étoient présentées que successivement à son esprit.

Ainsi je vous supplie, Monsieur, d'annoncer positivement la vraie situation dans
laquelle vous m'avez trouvé : car je veux que mes ennemis me reconnoissent vrai jusqu'au dernier moment. Dites donc, je vous prie, que vous avez trouvé en moi un
homme parfaitement résigné à la mort, étant persuadé que cet arrêt terrible a été
prononcé du moment même que ma femme a été placée, malgré mes réclamations,
au milieu de la société la plus corrompue, laquelle est devenue par une suite indis-
pensable la source féconde de tous les malheurs qui ont successivement écrasé toute
ma famille : que je ne cherche plus à me soustraire à cet arrêt, puisque je ne veux
pas contrarier les décrets d'une Providence infiniment sage qui a permis ces désordres :
que par conséquent le seul objet qui m'occupe encore pendant le peu d'instans qui me
restent à végéter, c'est de chercher à placer mes enfans dans une position telle que,
privés de mon assistance par ma mort, ils n'aient pas à me reprocher un jour leur
existence, & mon insouciance d'avoir négligé à leur procurer les moyens de parcourir
pendant le temps de leur durée une carrière honnête, & sur-tout de n'avoir point
à rougir de celui dont ils portent le nom.

Je suis bien persuadé, Monsieur, que malgré la corruption actuelle de nos mœurs,
ce terme de mon ambition ne pourra m'être refusé par ceux auxquels le soin d'in-

terpréter & de faire exécuter les loix est confié, & que les protections ni l'intrigue ne pourront contrarier la pureté de mes intentions.

Voilà mes confessions, Monsieur; annoncez que je serai sage & modéré; que, n'ayant plus de jouissances sur la terre, je suis sans passion, & que je ne me plais pas à faire le mal.

Je crois devoir observer en finissant, n'avoir pas dit à M. de Kornmann que M. Lenoir m'eût parlé de mépris & de mécontentement à l'égard de M. de Beaumarchais. A la vérité, il fut question en parlant de ce dernier, de mésestime & de mécontentement, & ces expressions désignoient bien les sentimens d'un Magistrat; mais, ce Magistrat n'étoit pas M. Lenoir.

Avec la même exactitude j'ajouterai que j'ai cherchai à rassurer M. de Kornmann, au sujet des paroles de M. Lenoir, & comme tout m'a paru sincère dans les discours, le maintien, les regards & le ton de ...... je m'en suis expliqué ainsi avec M. de Kornmann.

Enfin la vérité ne seroit satisfaite qu'imparfaitement, si j'omettois de répéter ce que j'ai dit à M. Lenoir, aussi bien qu'à M. de Brunville, que j'avois peut être contribué à l'erreur des *Observations* sur le fait dont il s'agit. En effet, me promenant dans le jardin de M. de Kornmann, douze ou quinze jours après la publication de son Mémoire, avec M. Bergasse, ce dernier me dit : *Comment trouvez-vous M. de Beaumarchais, qui fait répandre maintenant dans le monde que M. de Kornmann avoit demandé deux cents mille francs pour se taire avant la retraite de M. de Calonne; mais que, depuis la retraite de ce Ministre, il ne veut entendre à rien?*. . Oh! pour cela, repliquai-je avec vivacité, *c'est un peu fort; je suis sûr du contraire. Vous savez que j'ai porté à M. de Kornmann des paroles d'accommodement avant la retraite de M. de Calonne, & qu'il les a fortement rejetées; vous pouvez le dire, & me citer.*

Voilà toutes les circonstances qui peuvent servir à faire juger la conférence du 31 Mars, & les suites qu'elle occasionne. Après avoir lu & relu mon Ecrit aussi attentivement que s'il s'agissoit d'une déposition, je n'y trouve rien que je ne puisse attester sur mon honneur. Fait à Paris, ce premier Juin 1787.

signé, D'ÉPREMESNIL.

Ces lettres & cette déclaration établissent clairement qu'il est faux que j'aie sollicité la suppression du Mémoire; qu'il est faux que j'aie offert de procurer un remboursement de 600,000 livres, & enfin que je n'ai à répondre qu'à des calomnies.

Après ces témoignages rendus par deux Magistrats, dont l'intégrité est reconnue, comment qualifier l'assertion de M. de Kornmann? Elle étoit cependant bien positive, bien circonstanciée, & paroissoit ne laisser aucun doute. Cette accusation, la plus odieuse de toutes, doit fixer l'opinion sur les autres, qui étant avancées, sans preuve, sans aucune base, ne peuvent être repoussées que par une simple dénégation.

Cet exposé suffira, sans doute, pour exciter l'indignation, en montrant avec quelle facilité le mensonge outrage la probité; & peut-être me permettra - t - on d'ajouter, qu'après avoir regardé pendant tant d'années, comme un des devoirs les plus sacrés de ma place, d'arrêter la calomnie, & comme une de mes plus douces satisfactions d'en préserver les gens de bien, il est douloureux pour moi d'être aujourd'hui aux prises avec elle, & d'éprouver l'amertume qu'elle laisse encore, lors même qu'elle est confondue.

www.ingramcontent.com/pod-product-compliance
Lightning Source LLC
LaVergne TN
LVHW011405170726
843501LV00006B/2012